4596

NOUVEAU SYLLABAIRE

POUR LES ÉTABLISSEMENTS DES DEUX SEXES

ou

MÉTHODE SIMPLE ET FACILE

POUR APPRENDRE À LIRE

EN **24** LEÇONS ET **90** EXERCICES,

Par Aug. BRAUD,

MAÎTRE DE PENSION.

—

DEUXIÈME ÉDITION.

—

PRIX : 50 c.

A PARIS,

Chez DÉZOBRY & E. MAGDELEINE, Libraires-Éditeurs,
rue des Maçons-Sorbonnes, 1.

EN PROVINCE,

Dans toutes les Librairies Classiques.

X

NOUVEAU SYLLABAIRE

POUR LES ÉTABLISSEMENTS DES DEUX SEXES.

TYP. DE AUG. SIRET, PLACE DE LA MAIRIE, 3,

A LA ROCHELLE.

NOUVEAU SYLLABAIRE

POUR LES ÉTABLISSEMENTS DES DEUX SEXES,

ou

MÉTHODE SIMPLE ET FACILE

POUR APPRENDRE A LIRE

EN 24 LEÇONS ET 90 EXERCICES,

Par Aug. BRAUD,

MAITRE DE PENSION.

—

DEUXIÈME ÉDITION.

—

PRIX : 50. c.

A PARIS,

Chez Dézobry & E. Magdeleine, Libraires-Éditeurs,
rue des Maçons-Sorbonne, 1.

EN PROVINCE,
Dans toutes les Librairies Classiques.

AUTRES OUVRAGES FRANÇAIS DU MÊME AUTEUR:

1° ABRÉGÉ DU SYLLABAIRE , in-12, prix. . . . . 10 c.

2° 36 TABLEAUX DE LECTURE , comprenant la méthode entière, destinés aux classes des deux sexes, papier-fort, in-1°. Prix. 3 f. 50 c.

3° SECOND LIVRE DE LECTURE, contenant les *premières connaissances* les plus nécessaires aux enfants du premier et du second âge. (*Sous presse.*)

4° NOUVELLE GRAMMAIRE des commençants , contenant : 1° *Un n°* d'ordre pour les règles ; 2° des *définitions simples* et *faciles* pour les commençants ; 3° des *Questionnaires* sur chaque partie du discours ; 4° de nouveaux procédés pour faciliter la *conjugaison* ; 5° des verbes modèles conjugués sous quatre formes : (1° forme *affirmative* ; 2° forme *interrogative* ; 3° forme *négative* ; 4° forme *interrogative* et *négative*) ; 6° une théorie complète du *verbe*, du *sujet*, de *l'attribut* et du *complément* ; 7° des règles simples et faciles sur les *participes* ; 8° un grand nombre de mots *dérivés* ; 9° une longue nomenclature *d'homonymes*, etc. (*En vente*).—3ᵉ Édition, refondue et augmentée, 1 vol. in-12, cart. Prix. . . . . 1 fr.

5° NOUVEAUX EXERCICES *d'Analyse* et *d'Orthographe*, pour les *commençants* , contenant : 1° un *Questionnaire* grammatical en tête de *chaque exercice* ; 2° de nouveaux *procédés* pour faire commencer *l'analyse* dès les *premières leçons* de grammaire ; 3° de nombreux exercices d'analyse, sur un *nouveau plan* ; 4° des exercices *d'Orthographe* basés sur les règles de la grammaire ; 5° des exercices variés sur la *conjugaison* , 6° des exercices sur les *dérivés* , sur les *homonymes* , sous forme de *dictées*, etc. (*En vente*.)
1 vol. in-12 , cart. Prix. . . . . 1 fr.

Chaque exemplaire est revêtu de la signature ou de la griffe de l'auteur.

Aug. Brand

AVERTISSEMENT.

On peut enseigner cette méthode avec ou sans épellation. Cependant nous conseillons de ne faire épeler que les mots déjà appris à la lecture des syllabes. Ce double moyen d'ailleurs est très profitable aux enfants, comme il sera facile de le reconnaître, et servira puissamment plus tard à l'étude de l'orthographe.

Dans cette méthode, les élèves trouveront les *jours de la semaine*, les *mois*, les *saisons* de l'année, les *chiffres*, une suite de *nombres* de 1 à 500, puis une *table d'addition*, une nouvelle et jolie *prière pour les petits enfants*, par Madame Amable Tastu.

Il est important que l'élève sache bien l'alphabet avant de lire les syllabes. On doit exercer son intelligence et son attention en lui montrant les lettres prises au hasard.

S'il y a plusieurs élèves, on les groupe par cinq ou six de même force, à peu près. Pour soutenir leur attention, on fait lire à chaque élève une lettre, une syllabe ou un mot. Plus tard, chacun lit une phrase entière.

Il est indispensable de revenir souvent sur les douze premières *leçons* de cette méthode, jusqu'à ce qu'elles soient parfaitement sues et comprises. On y revient d'ailleurs comme par récréation, lorsqu'on a lu la leçon ou l'exercice du jour.

Nous croyons avoir rendu service aux maîtres et aux enfants, en mettant presque toute cette méthode en syllabes graduées. Nous espérons qu'on s'en trouvera bien et qu'on nous en saura gré. Le défaut ordinaire des autres méthodes, c'est qu'elles présentent trop tôt des difficultés qui font le désespoir des enfants et de ceux qui les dirigent.

Insistez sur ce qui n'est pas su; revenez sans cesse sur ce qu'on a vu; le succès ne peut être douteux.

VOYELLES. a. e. i. o. u. y.

Quand la lettre *e* n'est pas surmontée d'un accent, on la prononce comme à la fin du mot *bonne*.

CONSONNES. b. c. d. f. g. h. j. k. l.

Prononcez: be. que. de. fe. gue. ache. je. ca. le.

m. n. p. q. r. s. t. v. x. z.

me. ne. pe. que. re. se. te. ve. xe. ze.

PREMIÈRE LEÇON.
ALPHABET DE MAJUSCULES, OU GRANDES LETTRES.

1. A. B. C. D. E. F. G. H.
I. J. K. L. M. N. O. P. Q.
R. S. T. U. V. X. Y. Z.

DEUXIÈME LEÇON — *Voyelles.*

2. A. E. I. O. U. Y.

Premier Exercice.

3. E. U. A. O. Y. I. U. A. I. Y. E. O.

TROISIÈME LEÇON. — *Consonnes.*

4. B. C. D. F. G. H. J. K. L. M.
N. P. Q. R. S. T. V. X. Z.

Deuxième Exercice.

5. B. D. G. C. L. Q. N. K. H. R. J. X. V.
M. F. P. S. Z. T. B. M. J. R. K. C. F. L.
N. S. D. V. T. G. P. H. Q. Z. X. F. C.

Troisième Exercice.

6. C. D. E. A. F. Y. O. H. K. U. J. L. R.
T. I. G. M. P. N. Q. S. X. B. V. Z.

Chiffres.

1. 2. 3. 4. 5. 6. 7. 8. 9. 0.

QUATRIÈME LEÇON.

ALPHABET DE MINUSCULES, OU PETITES LETTRES.

7. a. b. c. d. e. f. g. h. i. j. k. l. m.
n. o. p. q. r. s. t. u. v. x. y. z.

CINQUIÈME LEÇON. — *Voyelles.*

8.   a. e. é. è. i. o. u. y.
â. ê. î. ô. û.

Quatrième Exercice.

9. a. i. o. è. u. é. a. e. ê. i. y. o.
é. i. e. u. â. û. î. è. ô. a. e. i.

SIXIÈME LEÇON. — *Consonnes.*

10. b. c. d. f. g. h. j. k. l. m. n. p. q. r.
s. t. v. x. z.

Cinquième Exercice.

11. b. g. p. d. q. r. m. l. f. j. c. r. n. l.
v. s. x. h. c. t. z. s. b. g. p. q. m. j.
c. r. n. v. s. f. p. b. d. q. h. f. m. n.
j. r. m. v. x. n. t. z. p. d. s. g. f. c.

Sixième Exercice.

12. a. b. c. d. e. é. è. ê. f. g. h. i. î. j. k. l.
m. n. o. ô. p. q. r. s. t. u. v. x. y. z.

Chiffres.

1. 2. 3. 4. 5. 6. 7. 8. 9. 0.

SEPTIÈME LEÇON. — *Syllabes.*

13. ba. be. bé. bè. bi. bo. bu.
da. de. dé. dè. di. do. du.
pa. pe. pé. pè. pi. po. pu.
qua. que. qué. què. qui. quo. qu.
fa. fé. fé. fè. fi. fo. fu.
ca. » » » » co. cu.
ga. » » » » go. gu.
ja. je. jé. jè. ji. jo. ju.

Septième Exercice.

14. ca ba.   dé fi.   du pe.   pa pa.
ca fé.   dé jà.   é pi.   pa pe.
da da.   do do.   fa de.   pi pe.
dé.   do du.   ju pe.   pi que.

HUITIÈME LEÇON. — *Syllabes.*

15. ha. he. hé. hè. hi. ho. hu.
Prononcez a. e. é. è. i. o. u.
ka. ke. ké. kè. ki. ko. ku.
la. le. lé. lè. li. lo. lu.
ma. me. mé. mè. mi. mo. mu.
na. ne. né. nè. ni. no. nu.

1. 2. 3. 4. 5. 6. 7. 8. 9. 0.

NEUVIÈME LEÇON. — *Syllabes.*

16. ra. re. ré. rè. ri. ro. ru.
    sa. se. sé. sè. si. so. su.
    ta. te. té. tè. ti. to. tu.
    va. ve. vé. vè. vi. vo. vu.
    xa. xe. xé. xè. xi. xo. xu.
    za. ze. zé. zè. zi. zo. zu.

(Revenez souvent sur les nᵒˢ 1 à 16).

Huitième Exercice.—MOTS DE DEUX SYLLABES.

17. A me.	Bâ ti.	Ca ve.	De mi.
a mi.	ba ve.	co que.	dé fi.
â ne.	bé ni.	cô te.	dé jà.
é pi.	bê te.	cô té.	dî né.
é té.	bi le.	cu be.	dî re.
È ve.	bo a.	cu re.	do do.
î le.	bo bo.	cu ré.	do du.
o de.	bu re.	cu ve.	dô me.
u ne.	ca ba.	da da.	du pe.
u ni.	ca fé.	da me.	du re.

Neuvième Exercice.

18. Fa de.	Fé te.	Fi le.	Fo ré.
fa né.	fè ve.	fi ne.	Fu mé.

1. 2. 3. 4. 5. 6. 7. 8. 9. 10. 11. 12. 13. 14. 15.

Dixième Exercice.

19. Ga la.	Hu ne.	Le vé.	Me nu.
ga le.	hu re.	li me.	mè re.
gâ té.	ja co.	li re.	mi di.
ga ze.	je té.	lo to.	mi mi.
go bé.	jo li.	lu ne.	mi ne.
go go.	ju pe.	lu xe.	mo de.
hâ te.	ju ré.	mâ le.	mù re.
hâ ve.	ki lo.	ma ri.	mù ri.
ho là.	la me.	mê me.	nò te.
hô te.	la ve.	me né.	no té.

Onzième Exercice.

20. Pa pa.	Pi que.	Ri de.	Sè ve.
pa pe.	po li.	ri re.	si te.
pa ri.	pú ni.	ri vé.	so fa.
pâ te.	pu re.	ro be.	sù re.
pâ té.	ra de.	rô le.	tê te.
pa vé.	ra me.	rô ti.	tê tu.
pe lé.	râ pe.	ru de.	ti ré.
pè re.	ra re.	sa le.	tô le.
pi le.	ra ve.	sa li.	to me.
pi pe.	rê ve.	se mé.	tu be.

1. 2. 3. 4. 5. 6. 7. 8. 9. 10. 11. 12. 13 14. 15.

— 12 —

Douzième Exercice.

21. Ve lu.	Le bo a.	Le da da.	u ne î le.
ve nu.	le ca fé	le cô té.	la ga ze.
vê tu.	la da me.	l' a ml.	le rô ti.
vi de.	le dî né.	la ju pe.	la ro be.
vo te.	la ca ve.	le pè re.	le lo to.
zè le.	le curé.	le pâ té.	la tê te.
zé lé.	u ne cu re.	le pa ri.	la mo de.
zé ro.	l' â me.	la lu ne.	le so fa.
la bê te.	l' â ne.	la li me.	la ra ve.
la bi le.	la cu ve.	le luxe.	la râ pe.

Treizième Exercice.

MOTS DE DEUX ET DE TROIS SYLLABES.

22. Le ma ri.	L' é pi.	A bî me.	co lè re.
ma mè re.	la bi le.	a bo li	co li que.
le ca ba.	le dé fi.	a do ré.	cu lot te.
la co que.	la du pe.	a va re.	cu lot té.
le zé ro.	le dô me.	ba di ne.	dé co ré.
la fè ve.	la fi le.	bo bi ne.	dé fi lé.
le zè le.	le ja co.	ca ba le.	dé mo li.
la fê te.	sa ju pe.	ca ba ne.	do mi no.
le pa pa.	le si te.	ca na pé.	du re té.
la pi pe.	la mû re.	ca po te.	é co le.

16. 17. 18. 19. 20. 21. 22. 23. 24. 25. 26.

Quatorzième Exercice.

23. É cu me.	Ga lè re.	Mâ tu re.	O pé ra.
é cu mé.	i do le.	mé ri te.	o pó ré.
é lè ve.	i mi té.	mi nu te.	pa ra de.
é le vé.	ju ju be.	mo dè le.	pa ro le.
é tu de.	la vu re.	na tu ro.	pa ta te.
fa mi ne.	lé gu me.	na vi re.	pe lo te.
fa vo ri.	li mi te.	ni ve lé.	pi lo te.
fé ru le.	lu xu re.	No é mi.	pu re té.
fi gu re.	ma da me.	nu di té.	qui ni ne.
ga ba re	ma do ne.	o bo le.	ra me né.

Quinzième Exercice.

24. Ra re té.	Sé pa ré.	vi pè re.	un a mi.
re le vé.	so li de.	vo lu me.	l'é co le.
re mè de.	sû re té.	sa pi pe.	fé cu le.
re te nu.	ti mi de.	ma tê te.	le pô le.
re ve nu.	ti ra de.	ta mè re.	la sè ve.
sa la de.	tu li pe.	le pa pe.	la ta re.
sa lé té.	u ni té.	un pè re.	le zè le.
sa li ve.	u ti le.	É mi le.	la ra de.
sa me di.	va ni té.	é vi té.	le pâ té.
sa va te.	vé ri té.	ma la de.	du ca fé.

27. 28. 29. 30. 31. 32. 33. 34. 35. 36. 37.

**

Seizième Exercice. — Phrases.

25. Le jo li ca na pé de pa pa a é té sa li.
Pa pa i ra à l'o pé ra sa me di.
No é mi, va vi te à l'é co le.
A di né, pa pa a du rô ti, du pâ té, de la
sa la de, du ca fé.
U ne da me a vu la ro be de No é mi.
É mi le a é té à l'é tu de à mi di.
Je t'a mè ne u ne pe ti te ca ma ra de.
Ma mè re a vu ma ro be sa le à l'é co le.
Ca ro li ne é vi te ra la co lè re.

Dix-septième Exercice.

26. Le pi lo te a ra me né le na vi re de pa pa.
La ma la de a va le ra de la qui ni ne.
A dè le di ra la vé ri té à sa mè re.
La pa ra de fe ra ri re A dé la ï de.
Ta sa va te a sa li la ro be de Ca ro li ne.
U ne sé ré na de fi ni ra la fê te.
Le pè re a é té re te nu à la ca ba ne.
Ma mè re me fe ra lire sa me di à di né.
A mè ne É mi le qui di ra la vé ri té.

38. 39. 40. 41. 42. 43. 44. 45. 46. 47. 48.

DIXIÈME LEÇON. — *Voyelles.*

27.   a. -e. i. o. u.

   an. eu. in. oi on. ou. un.

Dix-Huitième Exercice.

28. an   eu. in. oi. on. ou. un.

   eu. in. oi. on. ou. un   an.

   in. oi. on. ou. un. an. eu.

   oi. on. ou. un. an. eu. in.

   on. ou. un. an. eu. in. oi.

   ou. un. an. eu. in. oi. on.

   un. an. eu. in. oi. on. ou.

Dix-neuvième Exercice.

29. An có ne.	In vi té.	Ran cu ne.	Ma lin.
an go ra.	on de.	san té.	boi re.
an ti po de.	on ze.	tan te.	foi.
an ti que.	ou i.	feu.	loi.
an ti qui té.	fou i ne.	jeu.	toi le.
Eu ro pe.	ban de.	ne veu.	voi le.
in di vi du.	ban que.	neu ve.	bon bon.
in fi dè le.	can can.	veu ve.	con te.
in fi ni.	fan tô me.	din de.	hon te.
in fi ni té.	ma man.	fin.	mon de.

49. 50. 51. 52. 53. 54. 55. 56. 57. 58. 59. 60.

✸✸✸

Vingtième Exercice.

30. du vin.	Pon te.	Dou ze.	Lun di.
pin te.	son de.	fou.	cou cou.
ra vin.	ton du.	pou.	rou te.
de vin.	ton ton.	pou le.	tou- tou.
mon.	mou.	pou pe.	mou lin.
ton.	mou le.	pou pée.	men le.
son.	mou ton.	sou pe.	seu le.
non.	dou te.	tou te.	a ma dou.

Vingt-et-unième Exercice.

31. Ma man a vu un pou à la tê te d'É mi le.
Mon pa pa boi ra du vin à son di né.
Ton ca ma ra de se ra in vi té sa me di à
   mi di.
Ca ro li ne a je té sa pou pée dans le feu.
On a bu à la san té de ma mère ma la de.
A dè le a ton du le mou ton de ma tan te.
Le tou-tou d'É mi le a tué un la pin lun di.
Le ne veu de pa pa a é té fi dè le à sa
   pa ro le.
A dè le a hon te de boi re du vin à di né.
Mon an go ra a pa ru jo li à ma man.
No é mi a lu tou te seu le à mi di.
Ni, ni, ni, voi là mon con te fi ni.

61. 62. 63. 64. 65. 66. 67. 68. 69. 70. 71. 72.

DIXIÈME LEÇON. — *Consonnes.*

32.
b.	c.	d.	f.	g.
a.	e.	i.	o.	u.
ab.	eb.	ib.	ob.	ub.
ac.	ec.	ic.	oc.	uc.
ad.	ed.	id.	od.	ud.
af.	ef.	if.	of.	uf.
ag.	eg.	ig.	og.	ug.

NOTA. Pour exercice, faire lire ce qui précède de gauche à droite, de droite à gauche, de haut en bas, et de bas en haut.

Revenez sans cesse sur les *neuf* premières leçons et les *six* premiers exercices.

Vingt-deuxième Exercice.

33.
Ab bé.	Ad ju ré.	Af fu té.	Ré tif.
ab di qué.	Ad mè te.	Ag de (*ville*).	ta rif.
ab so lu.	ad mi ré.	ob te nu.	ca nif.
ab ju ré.	af fa di.	af fec té.	mo tif.
ac cu mu lé	af fa mé.	ef fec tif.	roc.
ac te.	af fi dé.	ef fi lé.	lec tu re.
ac tif.	af fi lé.	suf fi re.	ob jec té.
ac ti ve.	af fi né.	é nig me.	ad jec tif.

73. 74. 75. 76. 77. 78. 79. 80. 81. 82. 83. 84.

Vingt-troisième Exercice. — Phrases.

34. Un ab bé a é té ad mi ré sa me di.
Le di né a pu suf fi re à on ze ou dou ze.
Le ca nif de ton pa pa se ra af fu té.
Mon ca ma ra de a de l'ac ti vi té.
Le roi Ad mè te fi gu re dans le Té lé ma que.
Ma man de vi ne ra l'é nig me d'É mi le.
Ton mou ton af fa mé a pa ru ré tif.
Un bon é lè ve fe ra la lec tu re.

DOUZIÈME LEÇON.

35.

h.	j.	l.	m.	p.
a.	e.	i.	o.	u.
al.	el.	il.	ol.	ul.
am.	em.	im.	om.	hom.
ap.	ep.	ip.	op.	up.

Vingt-quatrième Exercice.

36. Al ca de.	A ni mal.	fa tal.	Tel le.
al ca li.	ban cal.	hô pi tal.	nou vel.
al co ol.	ca nal.	lo cal.	que rel le.
al cô ve.	bo cal.	mé tal.	hi ron del le.
al lu mé.	ca po ral.	pé nal.	il lu mi né.
al lu re.	é gal.	el le.	sol.
a mi ral.	fa nal.	el lé bo re.	pa ra sol.

85. 86. 87. 88. 89. 90. 91. 92. 93. 94. 95. 96.

Vingt-cinquième Exercice.

37. Sub til.	Am be.	Im bi bé.	Em pâ té.
il lé gal.	am bi gu.	im po li.	em pi lé.
Ho mè re.	am pou le.	tom be.	ap pel.
fol le.	am pou lé.	tom bé.	op ti que.
mol le.	am pu té.	rom pu.	sup pu ra tif
vol.	bam bin.	im pu ni.	ap pe lé.
cu mul.	jam be.	em bel li.	cap.
cal cul.	jam bon.	em me né.	cap tu re.

Vingt-sixième Exercice. — Phrases.

38. Le ca po ral fu me sa pi pe à l'hô pi tal.

Le pan ta lon de pa pa a ét é im bi bé de vin.

Ta ma man a ré ga lé mon a mi.

Son ca po ral a é té em me né ban cal.

Il se ra ra me né à l'hô pi tal avec un fa nal.

Ton a mi Jé rô me a un ca ma ra de im po li.

Un ma la de sera am pu té à la jam be.

La ré col te em bel li ra le val lon.

Ma tan té a ra me né le bam bin é ga ré.

Le pi lo te ra mè ne ra le na vi re.

Un nou vel hô pi tal a é té bâ ti dans la vil le.

L'a mi ral ad mi re ra l'é lè ve po li.

97. 98. 99. 100. 1. 2. 3. 4. 5. 6. 7. 8. 9. 10.

TREIZIÈME LEÇON.

39.

r.	s.	t.		
a.	e.	i.	o.	u.
ar.	er.	ir.	or.	ur.
as.	es.	is.	os.	us.
at.	et.	it.	ot.	ut.

Vingt-septième Exercice.

40.

Ar me.	Mar di.	A ver tir.	Or to lan.
har di.	mar que.	bon dir.	bor dé.
har pe.	sar di ne.	cou rir.	cor de.
ar mu re.	tar ti ne.	di ver tir.	cor ne.
ar se nal.	er mi te.	fi nir.	for me.
ar se nic.	er ro né.	gar nir.	for tu ne.
bar be.	her be.	sa lir.	mor su re.
bar ba re.	per ron.	te nir.	mor ve.
bar que.	per ru que.	ve nir.	por te.
car pe.	ser ré.	vo mir.	ur ne.
car te.	ser vi.	or.	Ur su le.
co car de.	ter re.	or du re.	mur.
far dé.	ver re.	or ga ne.	sur.
gar de.	ver sé.	or me.	sur di té.
lar me.	ir ri té.	or né.	sur mon té

11. 12. 13. 14. 15. 16. 17. 18. 19. 20. 21. 22.

Vingt-huitième Exercice.

41. As pic.	Is su.	Os.	Det te.
as sou pi.	bis cor nu.	bos su.	hou let te.
as su ré.	bis tou ri.	bos ton.	il jet te.
bas sin.	dis pu te.	hos tie.	net.
bas son.	dis so lu.	pos te.	net te.
es ca mo té	fis tu le.	ros se.	o me let te.
es ca pa de	lis te.	bus te.	pi quet te.
es car pé.	mys tè re.	ar bus t e	pou Jet te.
es car pin.	pis te.	dé gus té.	as si et te.
es co pe.	po lis son.	at ta qué.	cu vet te.
es ti me.	ris que.	mas qué.	bis cuit.
ca res se.	ris qué.	at ti ré.	il bon dit.
fi nes se.	o bé lis que.	bat tu.	il fi nit.
pa res se.	o cu lis te.	ra bat tu.	quit te.
fu nes te.	co pis te.	jat te.	il quit te.
em pes té.	sys tè me.	lat te.	bot te.
les te.	Bap tis te.	nat te.	cu lot te.
res te.	U lys sé.	pat te.	but.
res té.	pis to lé.	et.	hût te.
ves te.	pu ris te.	Et na.	lut te.

Nota. Revenez sans cesse sur les premières leçons, et faites observer aux élèves comment en joignant les consonnes aux terminaisons *ar*, *er*, *ir*... *as*, *at*, *os*, etc., on obtient les mots qu'on vient de lire. Par exemple : *b* (prononcez *be*) ajouté à la terminaison *ar*, produit la syllabe *bar* ; — *v* et *er* produisent *ver* ; — *n* et *es*, *nes*, dans *fu nes te*, etc.

23. 24. 25. 26. 27. 28. 29. 30. 31. 32. 33. 34.

Vingt-neuvième Exercice. — Phrases.

42. É mi le es pè re ob te nir de son pè re u ne ar me à feu.

Le ma lin Jé rô me a tu é son jo li pin son, mar di.

Bap tis te le po lis son a é té sur un roc es car pé.

Son pa pa ir ri té l'a dé cu lot té et l'a fou et té.

La co lè re se ra fu nes te à l'é lè ve mu tin et ma lin.

Ur su le a vu u ne car pe sur la bar que du pi lo te.

Le ca po ral a u ne co car de ri di cu le.

Trentième Exercice. — Phrases.

43. Ton bon Mé dor a es ca mo té mon di né.

Il a je té la pat te sur ma pe ti te tar ti ne.

L'a mi ral fe ra par tir son na vi re jeu di.

La cul tu re em bel li ra le jar din de ma man.

Le res te de ma tar ti ne se ra je té à Mé dor.

No é mi a dor mi toute la nuit et a rê vé.

El le a vu sa mè re ve nir sur u ne bar que.

35. 36. 37. 38. 39. 40. 41. 42. 43. 44. 45. 46.

Trente-et-unième Exercice. — Phrases.

44. Bap tis te a vu un bos su je té à ter re.

Mon pe tit mi mi a por té la pat te sur cet te o me let te.

Bon pè re ap por te ra du bis cuit à No é mi.

A dè le a vu à la foi re u ne bel le pou pée.

Po ly do re em por te u ne per ru que à son pè re.

La pa res se se ra fu nes te à Ca ro li ne.

Le car ros se de pa pa ar ri ve ra jeu di.

É lé o no re fe ra u ne o me let te à dî né.

Un as pic a pi qué la jam be de Ca ro li ne.

Trente-deuxième Exercice. — Phrases.

45, Ap por te u ne as si et te à ma pe ti te No é mi.

Je de man de si ton pa pa i ra à la foi re.

Un bos su a at ta qué et bat tu le bon É mi le.

Jé rô me a cas sé la jat te de ma tan te.

É mi le se di ver ti ra a vec Mé dor.

La for me de ton ha bit ne se ra pas nou vel le.

La ca ba ne que je quit te a é té so li de.

La cu lot te d'É mi le ser vi ra de mo dè le.

Un col ra bat tu fe ra bon ef fet sur A dè le.

De man de à ta ma man si el le i ra à la mes se.

47. 48. 49. 50. 51. 52. 53. 54. 55. 56. 57. 58.

QUATORZIÈME LEÇON.

46. ai. au. ce. ci. (*prononcez* se , si.)

cha. che. ché. chè. chi. cho. chu.

en. eu. euf. eul. eur.

ge. gé. gè. gi. (*prononcez* je , ji.)

gna. gne. gné. gnè. gni. gno. gnu. gneu. gnon.

oj. oif. oil. oir.

ou. ouc. ouf. oug. oul. our.

ha. hai. han. hau. heu. hi. ho. hon. hou. hu.

Se prononcent comme si la lettre h n'y était pas.

* *Faites observer à l'élève que la lettre c suivie de e ou de i se prononce comme le* s : au da ce , me na ce , i ci , mer ci ; *et que le* g , *suivi de e ou de i , se prononce comme le* j : gê né , gî te.

Trente-troisième Exercice.

47. Ai dé.	Ce la.	cir que.	chan son.
ai mé.	for ce.	ci vil.	che min.
fai re.	lan ce.	ci vi li té.	che val.
faî te.	me na ce.	cha cun.	di man che
lai ne.	par ce que.	châ le.	bou che.
mai re.	cel le.	cha que.	ché ri.
tai re.	cel le-ci.	char me.	cher ché.
au be.	cer vel le.	chat te.	per ché.
au da ce.	cet te.	chaî ne.	chê ne.
au ro re.	ci ga le.	chai re.	cher.
ha bi le.	hâ te.	har di.	ha che.

59. 60. 61. 62. 63. 64. 65. 66. 67. 68. 69. 70.

Trente-quatrième Exercice.

48. Chi ca ne.	Dé cen ce.	Neuf.	Peur.
Chi ne.	des cen te.	veuf.	par leur.
ma chi ne.	fen du.	seul.	pa veur.
cho qué.	a men de.	lin ceul.	sa peur.
chu te.	ten du.	beur re.	ter reur.
en fi lé.	ven du.	far ceur.	va peur.
en fon cé.	jeu ne.	heur té.	â ge.
en chan té.	ra jeu ni.	leur.	ca ge.
en la cé.	meu te.	é le veur.	an ge.
en té té.	é meu te.	mo queur.	lan ge.
hal te.	hai ne.	han che.	haut- bois.
ha mac.	ha ïr.	han ne ton.	heu re.

Trente-cinquième Exercice.

49. Cou ra ge.	Ra va ge.	Rou ge.	Ba gne.
ga ge.	sau va ge.	rou gi.	cy gne.
mé na ge.	ta pa ge.	ron gé.	cam pa gne.
na ge.	gé lé.	sur gir.	di gne.
na geur.	gê ne.	si gna tu re.	ga gné.
o ra ge.	gé né ral.	té moi gna ge	li gne.
o ran ge.	gi ra fe.	Co gnac.	si gne.
pa ge.	a gir.	si gnal.	vi gne.
ra ge.	mu gir.	si gna lé.	ma gni fi que.
ran gé.	rou gir.	Al le ma gne.	es pa gnol.
hi bou.	hon te.	hou let te.	hu re.

71. 72. 73. 74. 75. 76. 77. 78. 79. 80. 81. 82.

Trente-sixième Exercice.

50. En co gnu re	Toi le.	A voir.	Bou din.
é pa gneul.	coif fe.	a per ce voir.	bou ton.
com pa gnon	coif feur.	con ce voir.	cou pe.
lor gnon.	coif fu re	re ce voir.	cou pon.
ro gnon.	soif.	ou.	cou pé.
foi.	poil.	ou i.	joug.
loi.	vou loir.	ou ra gan.	bour re.
moi.	noir.	bam bou.	bour ré.
toi.	es poir.	bouc.	cour.
soi.	voir.	bou chon.	cour bé.

Trente-septième Exercice. — Phrases.

51. Une ma chi ne à va peur fe ra cou rir ce na vi re.

La chû te de ta ma man a dû te fai re peur.

Mon pè re a é té en chan té du gé né ral.

Leur mé moi re a re te nu cet te chan son.

Ce beur re a é té ven du cher au mar ché.

Jeu di on me mè ne ra à la cam pa gne.

Ta pe ti te com pa gne au ra peur de l'o ra ge.

Cou ra ge, mon a mi! voi là le re quin!

La vi gi lan ce du na geur a é vi té l'a ni mal.

Pa pa i ra à Co gnac ac com pa gné de ma man.

83. 84. 85. 86. 87. 88. 89. 90. 91. 92. 93. 94.

Trente-huitième Exercice.

52. Il a vou lu fai re du ta pa ge, et il a é té
pu ni.

Le jeu ne Hen ri a pa ru di gne de par don.

Mon jo li con te fe ra ri re tou te la com pa gnie.

Si la soif te tour men te, je te fe rai boi re
à cet te fon tai ne qui a sa sour ce dans
un roc é loi gné.

Je fe rai le tour de la cour a vec mon
tam bour.

Le gé né ral a pu ni le ca po ral qui a bu
du vin pur.

Un pê cheur ap por te un sau mon pour le
dî né.

Trente-Neuvième Exercice. — Phrases.

53. Un jour de foi re j'ai a che té un jo li
mé na ge. Ma man a vi dé sa bour se pour
ce la, par ce que j'ai vou lu li re a vec el le.

Voi ci un far ceur qui a u ne bar be de sa peur.

J'ai ga gné u ne bel le o ran ge au jeu.

A vec un sou Ca ro li ne au ra un bon bon.

La re din go te de pa pa se ra ma gni fi que.

La ro be de ma mè re se ra su per be.

95. 96. 97. 98. 99. 100. 101. 102. 103. 104.

Quarantième Exercice. — Phrases.

54. La voi tu re de ta tan te va ve nir i ci.

Un sau va ge a je té la ter reur dans le vil la ge.

Le poil du chat se hé ris se de vant Mé dor.

J'ai l'es poir de ve nir à l'heu re du dî né.

La foi, l'es pé rance et la cha ri té.

Il a ge lé ce ma tin dans le jar din.

J'in vi te rai ton com pa gnon et toi pour ce soir.

A dè le i ra au bal à la cam pa gne, jeu di.

Voi ci un sa peur qui ne dé dai gne pas le vin.

Quarante-et-unième Exercice. — Phrases.

55. La coif fu re de cet te ser van te se ra ri di cu le.

La li gne de ce pê cheur fe ra peur au pois son.

J'au rai u ne bel le cou pe de por ce lai ne.

É mi le a ga gné u ne ma gni fi que tas se.

Le jeu ne Thé o do re a rou gi de sa pa res se.

J'ai é té en chan té de sa bel le con dui te,

Ran ge ton lin ge, ta ro be, ta pou pée.

Mou che- toi a vec un mouchoir de toi le fi ne.

105. 106. 107. 108. 109. 110. 111. 112. 113.

QUINZIÈME LEÇON.

56. ain (a est nul; prononcez *in*) : gain , pain , faim.

ei (prononcez *é* ou *ai*) : p ei ne , r ei ne , S ei ne.

er (prononcez *é*) : chan ter, dan ser, jou er, me ner.

ill (prononcez comme à la fin du mot *fi lle*) : b ille, qu ille.

Quarante-deuxième Exercice.

57. Ain si.	Ai mer.	Fu ta ille.	Ta ille.
b ain.	bou der.	ma ille.	ta ill eur.
é tain.	chan ter.	mé da ille.	an dou ille.
le vain.	con ter.	mu ra ille.	o re ille.
m ain.	dan ser.	pa ille.	rou ille.
p ain.	mon ter.	dé pou illé.	rou illé.
pou lain.	res ter.	é ma illé.	co ti llon.
s ain te.	tour ner.	mou ill er.	te na ille.
ba l ei ne.	vo ler.	feu ille.	bou tei lle.
en s ei gne	ba ta ille.	feu illa ge.	vo la ille.
p ei gne.	ba ta illon.	bou illi.	em pa illé.
p ei ne.	ca na illé.	bou ill on.	co qui lle.
r ei ne.	ba illé.	mé da ill on.	fa mi lle.
s éi ze.	ca ille.	ca ill ou.	bi lle.
t ei gne.	é ca ille.	ra ill er.	fou ille.
v ei ne.	cu illè re.	ra ill eur.	cor bei lle.

114. 115. 116. 117. 118. 119. 120. 121. 122.

Quarante-troisième Exercice. — Phrases.

58. De main se ra le jour de la Sain te-An gé li que.
Ain si ce se ra la fê te de sa tan te.
Do mi ni que i ra lui por ter un bou quet.
Por te du pain à cet te pe ti te fi lle.
La pa res se mé ri te du pain sec et de l'eau.
Il faut du le vain pour fai re le pain.
Le chef de ba ta illon par ti ra pour Tou lon.
Le gé né ral di ri ge ra lui-mê me la ba ta ille.
J'ai me à voir le feu illa ge et la ver du re.

Quarante-Quatrième Exercice. — Phrases.

59. Le men teur au ra du pain sec à son dî né.
La rei ne en ver ra un ca deau pour la
lo te rie.
É mi le a é té sa ge et mi gnon à l'é co le.
Son pè re en sei gne à li re au jeu ne Ca mil le.
Ton ca nif se rou ille ra à l'hu mi di té.
Mon ta illeur me fe ra un pan ta lon noir
pour ce soir.
J'au rai de la pei ne à me ser vir de ce
pei gne d'é ca ille.
Le coif feur ap por te ra u ne per ru que à
Jé rô me.

123. 124. 125. 126. 127. 128. 129. 130. 131.

SEIZIÈME LEÇON.

60. Ail *se prononce comme la fin du mot* bé tail.)

. Eil. euil. œ (*ce dernier se prononce* e.)

ç (*prononcez le* c , *avec cédille*, *comme le* s.)

ph (*prononcez* f) : or phe lin *comme* or fe lin.

pha. phe. phé. phè. phi. pho. phu.

Quarante-cinquième Exercice.

61. Ail.	Deuil.	For çat.	É phé mè re.
bail.	é cu reuil.	il ef fa ça.	s phè re.
bé tail.	fau teuil.	il per ça.	Phi lé mon.
ber cail.	meuil.	fa çon.	Phi lip pe.
ca mail.	ac cueil.	gar çon.	Phi lo mè le.
co rail.	é cueil.	le çon.	por phi re.
é ven tail.	or gueil.	ma çon.	sa phir.
gou ver nail	ba bil.	a per çu.	mé ta pho re.
mail.	pé ril.	re çu.	phos pho re.
por tail.	bœuf.	pha lan ge.	pho que.
con seil.	cœur.	Pha ra on.	pho ni que.
é veil.	nœud.	Phar sa le.	am pho re.
pa reil.	œuf.	phar ma çie.	am phi bie.
so leil.	sœur.	é pi ta phe.	Phi loc tè te.
ver meil.	vœu.	or phe lin.	Po ly phè me.
vi cil.	fa ça de.	phé no mè ne	phos pho ri que

132. 133. 134. 135. 136. 137. 138. 139. 140

Quarante-sixième Exercice. — Phrases.

62 L'a gneau du ber ger a é té ra me né au
   ber cail.

Le pê cheur a vu du co rail dans la mer.

Cet te da me a un jo li ca mail et un bel
   é ven tail.

Le gou ver nail du na vi re a é té cas sé par
   l'o ra ge.

Ton a mi a re çu un bon con seil ; il se ra sa ge.

Le so leil a bri llé sur la ter re et sur l'on de.

Cet te jeu ne fi lle por te le deuil d'u ne mè re
   a do rée.

Sa pe ti te sœur a aus si un bon cœur.

Quarante-septième Exercice. — Phrases.

63. Pha ra on a é té un roi cru el de l'É gyp te.

Phi lo mè le a chan té sa chan son dans le
   jar din.

J'ai lu u ne é pi ta phe sur un tom beau.

Le ma çon a per cé la mu ra ille a vec sa
   pin ce.

Un phé no mè ne di gne de mé moi re m'a
   é té ra con té.

Por te cet te que nou ille à la ser van te de ta
   sœur.

141. 142. 143. 144. 145. 146. 147. 148. 149.

DIX-SEPTIÈME LEÇON.

64. bla. ble. blé. bli. blo. blu.
cla. cle. clé. cli. clo. clu.
fla. fle. flé. fli. flo. flu.
gla. gle. glé. gli. glo. glu.
pla. ple. plé. pli. plo. plu.

Quarante-huitième Exercice.

65. Blâ me.	Bleu.	Flaner.	An gle.
blâ mer.	blon de.	gi ro flé.	An gle ter re.
blà ma ble.	cla ve cin.	flé au.	glè be.
ta ble.	cla ri net te.	flè che.	glo be.
ca pa ble.	mi ra cle.	flé chir.	glo bu le.
ac ca blé.	cou ver cle.	flic- flac.	gloi re.
blé.	on cle.	in fli ger.	glu.
blê me.	clé men ce.	o bli ger.	glu au.
é ta bli.	bou clé.	Flo re.	pla ce.
é ta blir.	in cli né.	flo ri fè re.	pla cé.
bi bli o thè que	cli mat.	en flu re.	pla que.
bloc.	clo che.	flam bé.	tem ple.
blo qué.	clo cher.	flan qué.	ac com pli.
dou blu re.	en clu me.	gla ce.	im plo rer.
pu blic.	Clu ny.	gla cé.	plu ma ge.
pu bli que.	fla con.	gla çon.	plu me.

150. 151. 152 153. 154. 155. 156. 157. 158.

Quarante-neuvième Exercice. — Phrases.

66. Le cou pa ble ne se ra cal me ni le jour ni la nuit.

Je blâ me l'é lè ve qui a pa ru peu at ten tif.

Le blé a mû ri à ce bon so leil d'é té.

U ne che ve lu re blon de in cli ne sur son cou.

L'en clu me du for ge ron n'a pu flé chir.

Clé men ce ap por te ra u ne gla ce d'An gle ter re.

J'em por te rai de la glu à la cam pa gne.

Il a lu un vo lu me de ta bi bli o thè que.

La dou blu re de ta ro be se ra sur la ta ble.

J'ai lu plus d'u ne pa ge de la bi ble.

Cinquantième Exercice. — Phrases.

67. Mon on cle ar ri ve ra de main à Cluny.

A dè le a re çu un fla con d'eau de co lo gne.

El le a su flé chir la co lè re de son pè re ir ri té.

Lé on ce a re çu un flic-flac sur la fi gu re.

La gloi re a pu bli é ton nom sur le glo be.

Un tem ple ma gni fi que a é té bâ ti à Lu tè ce.

Ce blé m'a sem blé ve nir par mi ra cle sur ce sol.

La fu reur l'a ren du in ca pa ble de ré flé chir.

159. 160. 161. 162. 163. 164. 165. 166. 167.

DIX-HUITIÈME LEÇON.

68. | Bra. | bre. | bré. | bri. | bro. | bru. |
cra.	cre.	cré.	cri.	cro.	cru.
dra.	dre.	dré.	dri.	dro.	dru.
fra.	fre.	fré.	fri.	fro.	fru.
gra.	gre.	gré.	gri.	gro.	gru.
pra.	pre.	pré.	pri.	pro.	pru.
tra.	tre.	tré.	tri.	tro.	tru.
vra.	vre.	vré.	vri.	vro.	vru.

Cinquante-et-Unième Exercice.

69. Bra ve.

Bra ve.	Cra va te.	Cru che.	Frac tu re.
bra vou re	crain te.	cru chon.	fra gi le.
sep tem bre	cram pe.	dra me.	fru ga li té.
oc to bre.	mer cre di.	dra pé.	Fran ce.
no vem bre	à cre.	ca dre.	fran chir.
dé cem bre	cré a teur.	ven dre di.	fré ga te.
en com bre	cré a ture.	en ca dré.	frê ne.
dé mem bré	cré du le.	An dré.	frè re.
brè ve.	crè che.	dri ve.	fri re.
bro che.	crê te.	dri ver.	fro ma ge.
bro chu re.	cri.	drô le.	fru gal.
bru.	cri me.	Drô me.	fru ga li té.
bru ne.	cro chu.	dru.	gra de.
bru te.	cro co di le.	dru i de.	gra ve.

168. 169. 170. 171. 172. 173. 174. 175. 176.

Cinquante-deuxième Exercice.

70. Grenouille	Pri me.	Trè ve.	Chan vre.
ti gre.	pri mi tif.	tri bu nal.	cui vre.
a gré a ble.	pro me na de.	tri bu ne.	ou vrir.
grê le.	pro pre.	poi tri ne.	dé cou vrir.
grè ve.	pro pre té.	tro pi que.	rou vrir.
gri ma ce.	pru de.	con trôle.	ou vri è re.
gri mé.	pru den ce.	con tro ver se	a vril.
grim per.	pru ne.	ré tro gra de.	i vro gne.
gro gner.	tra hir.	pa trou ille.	no tre.
gro gnon.	tra vail.	trou ver.	vo tre.
gru au.	trai ter.	tru el le.	droi tu re.
pra ti que.	traî tre.	tru i te.	froi du re.
dé pra vé.	train.	ou vra ge.	cha grin.
rom pre.	thé â tre.	i vre.	cui vré.
pré ve nir.	en tré.	li vre.	vrai.

Cinquante-troisième Exercice.

71. Le ba te leur fe ra ri re le mon de à la
pa ra de.

Ce bra ve mi li tai re a rem por té u ne
vic toi re.

Dé cem bre a mè ne ra la froi du re en ce
sé jour.

177. 178. 179. 180. 181. 182. 183. 184. 185.

Cinquante-quatrième Exercice. — Phrases.

72. La ci ga le chan te et bra ve la fa mi ne en son
trou.

Un jo li pin son a chan té ce ma tin au jar din.

J'ai man gé du fro ma ge sec à mon dé jeû ner.

An dré ho no re ra la Fran ce par sa bra vou re.

La cra va te d'Eu gè ne se trou ve ra à la mo de.

Di man che j'i rai au thé â tre a vec vo tre frè re.

Vic tor ai me la pro pre té de ton tra vail u ti le.

J'ai ren con tré un i vro gne qui a par lé de
mo ra le.

Cinquante-cinquième Exercice. — Phrases.

73. Ton frè re a grim pé sur le mur de la ca ba ne
pour y cueil lir u ne pru ne et u ne poi re ;
il a é té vu par le gar de cham pê tre, qui
l'a ren fer mé pour le pu nir de son au da ce.

Ven dre di et sa me di il ne man ge ra que du
pain sec.

Le ju ge mon te au tri bu nal pour ren dre u ne
sen ten ce.

La fru ga li té pro cu re l'a van ta ge de la
san té.

Le cré a teur ai me u ne par fai te droi tu re de
cœur.

186. 187. 188. 189. 190 191. 192 193. 194.

DIX-NEUVIÈME LEÇON.

74. ia. ie. ié. iè. io. iu.

i an. i en *(i in)*. ieu. ion. oui. oin *(ouin)*.

e *se prononce comme* è *dans les mots* :

ces, des, les, mes, tes, ses, tu es, il est.

e *est nul dans* eu : j'ai eu, il a eu.

e *est nul dans* ein : fein dre, pein dre.

e *est nul dans* eau : ba teau, bu reau.

s *et* x *ne se font pas sentir à la fin des mots, comme* :

les ar bres, mes jam bes, tes bras.

les a ni maux, mes maux, tes che vaux.

d *et* t *ne se font pas sentir à la fin des mots, comme* :

un en fant, ap par te ment, vo lant.

un gond, un dard, du lard.

Cinquante-sixième Exercice.

75.			
Di a ble.	Lié ge.	Ca brio le.	Bien.
di a cre.	pié ge.	hui le.	chien.
fi a cre.	fiè vre.	lui.	lien.
bou ill ie	liè vre.	fuir.	mien.
fo lie.	por tiè re.	juif.	rien.
en vie.	fio le.	con fi an ce.	sien.
Ma rie.	pio che.	viande.	tien.

195. 196. 197. 198. 199. 200. 201. 202. 203.

Cinquante-septième Exercice.

76. Dieu.	A mi tié.	Far deau.	Ce dia ble.
pieu.	i ni mi tié.	ha meau.	ces dia bles.
sieur.	moi tié.	lam beau.	un fi acre.
lion.	pi tié.	moi neau.	des fi acres.
pion.	fein dre.	beau té.	ton pié ge.
pen sion.	fein te.	cha meau.	tes pié ges.
foui ne.	pein dre.	tau reau.	sa fiè vre.
oui.	pein tu re.	veau.	ses fiè vres.
coin.	sein.	le lion.	j'ai eu.
foin.	ba teau.	les lions.	il a eu.
loin.	bu reau.	un lien.	j'au rai eu.
soin.	ca deau.	des liens.	il au ra eu.

Cinquante-septième Exercice. — Phrases.

77. La crê te de ce coq m'a sem blé bien rou ge.

J'ai ren con tré un fia cre a vec un mi li tai re i vre.

Un moi neau é tour di est ve nu se je ter dans ma ca ge.

U ne pe ti te fil le bien sa ge res te au près de sa mè re.

Mon jo li pa pi llon a con ser vé ses bel les cou leurs.

204. 205. 206. 207. 208. 209. 210. 211. 212.

Cinquante-huitième Exercice. — Phrases.

78. É mi le ap prend à na ger sur u ne plan che de
lié ge.

Un 'a mi ral, des a mi raux. L'a ni mal, les
a ni maux.

Ton che val, mes che vaux. Ce ca nal, ces
ca naux.

Mon fa nàl, ses fa naux. Un ca po ral, des
ca po raux.

Un hô pi tal, deux hô pi taux. Le jour nal, les
jour naux.

Le mal, les maux. Un o ri gi nal, des
o ri gi naux.

Cinquante-neuvième Exercice. — Phrases.

79. Il faut ré pé ter sou vent les jours de la se mai ne,
et les bien ap pren dre par cœur.

Nous al lons les di re en les comptant :

Lun di, un ; Mar di, deux ; Mer cre di, trois ;
Jeu di, qua tre ; Ven dre di, cinq ; Sa me di,
six ; Di man che, sept.

Ain si, il y a sept jours dans une se mai ne.

Plus tard, nous di rons les mois de l'an née.

213. 214. 215. 216. 217. 218. 219. 220. 221.

Soixantième Exercice. — Phrases.

80. L'hui le brû le tou te la nuit dans la lam pe qui est sur la che mi née de ma jo lie cham bre.

Le Juif-Er rant avait tou jours cinq sous à la po che.

Un jour, un mal heu reux é cri vit une let tre à son bon chien Mé dor. Voi ci quel ques li gnes de cet te let tre:

« De mon ré duit gar dien sûr et fidèle,
» Toi, dont les soins ont pour moi tant de prix,
» Toi, des a mis par faits le plus par fait modèle,
      » Mé dor, c'est à toi que j'é cris.
» Des biens que m'en le va la for tu ne in hu mai ne,
» Quand tu me res tes seul pour a dou cir ma pei ne,
» Je te dois ce tri but: du sein de la dou leur,
» É cri re à l'a mi tié, c'est rê ver le bon heur. »

Ce bon Mé dor é tait bien mi gnon et bien fi dè le.

Un jour, le maî tre de ce bon chien fut at ta qué par un vo leur, qui lui de man dait la bour se ou la vie.

A moi, Mé dor, s'é cri a le maî tre.

Aus si tôt Mé dor sau ta à la gor ge du vo leur, le ren ver sa par ter re, et son maî tre fut sau vé.

222. 223. 224. 225. 226. 227. 228. 229. 230.

VINGTIÈME LEÇON.

81. a *est nul dans* Août, Saône, taon.
    prononcez : Oût, Sône, ton.
    o *est nul dans* faon, Laon, paon.
    prononcez : fan, Lan, pan.
    y *vaut un seul* i *avant une consonne :*
        mys tè re, sy mé trie, sys tè me.
    y *vaut deux* i *avant une voyelle :*
        y eux, jo yeux, ro yal, ro yau me.
    ez *se prononce* é *à la fin des mots :*
        nez, ve nez, chan tez, dan sez, as sez.
    s *se prononce comme* z *entre deux voyelles :*
        bi se, bu se, désir, mai son, ro se, ru se.

Soixante-et-unième *Exercice.*

82. Août.	A bys si nie.	A bo yer.	Chan tez.
A o ris te	Cy clo pe.	bro yer.	dan sez.
Saô ne.	cy lin dre.	cou do yer.	nez.
taon.	ly re.	jo yeux.	ve nez.
faon.	mys tè re.	mo yen.	a bu sé.
Laon.	sy mé trie.	ro yal.	bi se.
paon.	sys tè me.	ro yau me.	dé sir.
cy gne.	sa ty re.	y eux.	ru sé.

231. 232. 233. 234. 235. 236. 237. 238. 239.

Soixante-deuxième Exercice. — Phrases.

83. Il y a dans l'an née dou ze mois qui sont :
Jan vier, Fé vri er, Mars, A vril, Mai, Juin,
Ju ill et, Août, Sep tem bre, Oc to bre, No-
vem bre, Dé cem bre.

Re te nez bien les noms de ces mois ; ré pé tez-
les sou vent par cœur de cet te ma niè re :

Jan vier, un ; Fé vri er, deux ; Mars, trois ;
A vril, qua tre ; Mai, cinq ; Juin, six ;
Ju ill et, sept ; Août, huit ; Sep tem bre,
neuf ; Oc to bre, dix ; No vem bre, on ze ;
Dé cem bre, dou ze.

Soixante-troisième Exercice. — Phrases.

84. Le faon est le pe tit d'une bi che ou d'un
che vreuil.

La Saô ne est u ne ri viè re de Fran ce.

Le paon est un oi seau qui a un très beau
plu ma ge. Il pa raît fier de sa pa ru re.

Laon est u ne vil le de Fran ce, vers le Nord.

On ap pe lait Cy clo pe un gé ant qui a vait un
seul œil tout rond au mi lieu du front.

J'ai vu deux jo lis cy gnes dans le ca nal.

240. 241. 242. 243. 244. 245. 246. 247. 248.

Soixante-quatrième Exercice. — Phrases.

85. Pa pa nous dit, un jour, à No é mi et à moi : fer mez les yeux et ou vrez la bou che ; puis il nous mit un gros mor ceau de su cre dans la bou che.

Tu as en ten du un chien a bo yer dans la cour ; c'est le bon Mé dor qui a ver tit son maî tre que quel qu'un vient d'en trer à la mai son.

Nous i rons voir le Pa lais-Ro yal qui est très bien il lu mi né tous les soirs.

Soixante-cinquième Exercice. — Phrases.

86. Ma man m'a fait li re qua tre fois pour un ma ca ron.

Je li rai six fois, di man che pro chain, pour a voir un chou à la cré me.

Un pe tit en fant pau vre a vait bien faim ; mais il n'o sait pas de man der du pain. Le bon Ju les lui fit ca deau de son dé jeû ner et de sa con fi tu re.

Pa pa dé si re que nous li sions bien no tre le çon, si nous vou lons a voir des ce ri ses a près le dé jeû ner.

249. 250. 251. 252. 253. 254. 255. 256. 257.

VINGT-UNIÈME LEÇON.

87. Gua, gue, gué, gui.

m *est nul, suivi d'un autre* m :

a mm, *prononcez* a mm : fla mme.

e mm, *prononcez* è mme : ge mme.

i mm, *prononcez* i mme : i mmo bi le.

o mm, *prononcez* o mm : po mme.

n *est nul aussi avant un autre* n :

a nn, *prononcez* a nne : a nnée.

e nn, *prononcez* è nne : e nne mi.

i nn, *prononcez* i nne : i nno cen ce.

o nn, *prononcez* o nne : bo nne.

x *se prononce comme* cs *dans certains mots* :

a xe, é li xir, fi xe, ma xi me, ri xe.

Soixante-sixième Exercice.

88.			
Il dis tin gua	Fla mme.	Do mma ge.	Ca nne.
la ba gue.	ga mme.	go mme.	e nne mi.
la fi gue.	ki lo gra mme	bo mme.	é tre nnes.
fa ti gué.	ge mme.	po mme.	i nno cent.
gué ri te.	i mmo bi le.	a nnon cé.	bo nne.
guè re (peu)	i mmor tel.	a nno té.	fi xe.
gui de.	co mme.	ba nni.	Fé lix.

258. 259. 260. 261. 262. 263. 264. 265. 266.

Soixante-septième Exercice. — Phrases.

89. L'au tre jour, le maî tre dis tin gua le bon
é lè ve du pa res seux, en don nant u ne
ré com pen se à l'un et du pain sec à
l'au tre.

Un en fant do ci le et la bo rieux ne se fa ti gue
ja mais à fai re ses de voirs de clas se.

Le ros si gnol est le mu si ci en des bois ; son
chant dis tin gué et har mo ni eux char me
tout le mon de.

Un ho mme i gno rant est ex po sé à la ri sée.

Tu res tes i mmo bi le co mme u ne bor ne,
Fé lix.

Soixante-huitième Exercice. — Phrases.

90. Dieu est i mmor tel : il n'a ja mais eu de
co mmen ce ment, il n'au ra ja mais de fin.

Vo yons ma bo nne pe ti te Ju li et te : ap por te-
moi ton li vre ; je te fe rai li re u ne lon gue
le çon , et tu au ras un bon bon que j'ai
a che té pour toi , si tu es mi gno nne et
bien sa ge.

La ma xi me de l'ho mme sa ge con sis te à ne
rien en tre pren dre sans ré fle xion.

267. 268. 269. 270. 271. 272. 273. 274. 275.

Soixante-neuvième Exercice. — Phrases.

91. Le bois qui brû le pro duit de la fla mme.

La chan del le al lu mée do nne la lu miè re.

La vi gne pro duit le rai sin , et le rai sin , du vin.

Le rai si né est u ne con fi tu re fai te ,a vec du rai sin.

A vec du blé on fait de la fa ri ne ; avec de la fa ri ne on fait du pain , et le pain nour rit les ho mmes.

On ap pel le é li xir u ne sor te de li queur salutaire.

On m'a fait ca deau d'un jo li char do nne ret.

Soixante-dixième Exercice. — Phrases.

92. Ju les n'a pas eu soin de son oi seau ; cet te pau vre pe ti te bê te est mor te de faim et de soif.

On va sou hai ter la bo nne a nnée le pre mier jour du mois de jan vier, et quel que fois à la fin de Dé cem bre.

La let tre s et la let tre *x* ne se font pas sen tir à la fin de cer tains mots , co mme dans : les â nes , mes ha bits , tes bon bons , nos li vres , ses oi seaux , deux moi neaux , &.

276. 277. 278. 279. 280. 281. 282. 283. 284.

VINGT-DEUXIÈME LEÇON.

93. e *est nul après un son :* bou e, bou illi e, crai e,
en vi e, fo li e, gru c, joi e, joù e, crai'e,
nu e, oi e, il pai e, il pli e, il jou e ra,
quæu e, rou e, soi e, tai e, vu e, vi é.

b *est nul à la fin d'un mot :* plomb, a plomb.

c *est nul à la fin de certains mots :* banc, franc,
jonc, tronc, ta bac, es to mac.

d *est nul à la fin des mots :* ba vard, chaud, froid,
É dou ard, gour mand, ha sard, nid, sourd,
tard.

g *est nul à la fin des mots :* lon g, ran g, doi gt,
é tan g, fau bour g, poin g, ran g, san g.

l *est nul à la fin de certains mots :* cou til, ou til,
sour cil.

p *est nul à la fin de certains mots ou de certaines*
syllabes : drap, ga lop, loup, bap tê me,
bap ti ser.

n *et* r *sont nuls dans le mot* mon sieur, *prononcez*
mo cieu.

x *est nul à la fin des mots :* é poux, faux, heu reux,
peu reux, prix, roux, vieux, voix.

t *est nul à la fin de certains mots :* il ont, ils sont,
ils font, ils fe ront, ils li ront, doucement.

285. 286. 287. 288. 289. 290. 291. 292. 293.

Soixante-et-onzième Exercice.

94. Je joue.	U ne grue.	Un franc.	Le ha sard.
tu joues.	de la fo lie.	le tronc.	un gour mand
il joue.	à la roue.	du jonc.	il est sourd.
je plie.	j'ai en vie.	du ta bac.	un doigt.
tu plies.	de la boue.	l'es tó mac.	un é tang.
il plie.	la bou illie.	tu se ras.	le fau bourg.
u ne oie.	du plomb.	un ba vard.	le poing.
de la joie	a plomb.	É dou ard.	du sang.
la joue.	un banc.	le nid froid.	le rang.
la craie.	pain blanc.	le lit chaud.	bas long.

Soixante-douzième Exercice.

95. De bon cou til.	un mon sieur.	Ils di ront.
un bon ou til.	un é poux.	ils se ront.
mon beau fusil.	la toux.	ils ont.
le long sour cil.	un prix.	ils fui ront.
ton pan ta lon.	u ne voix.	ils ai ment.
du drap brun.	u ne croix.	ils bri sent.
au grand ga lop.	un faux bra ve.	ils croient.
le bap té me.	en fant heu reux.	ils doi vent.
un vieux loup.	vieux li vre.	ils gê nent.
tu es prompt.	voix for te.	ils ha bi tent.

294. 295. 296. 297. 298. 299. 300. 301. 302.

Soixante-treizième Exercice. — Phrases.

96. Un jour un pe tit en fant bien gour mand
vou lut pren dre de la con fi tu re sans en
de man der à sa ma man ; mais le pot qui
é tait sur u ne plan che , tom ba sur le nez
du gour mand , et la con fi tu re se ré pan dit
par tout sur ses vê te ments. Il n'eut pas de
des sert à son dî né , et on le fit cou cher de
bon ne heu re.

J'ai mis cinq sous dans le tronc des pau vres.

Soixante-quatorzième Exercice. — Phrases.

97. Il est vi lain d'ê tre ba vard. Les ba vards
n'é cou tent ja mais ce qu'on leur dit ; ils
par lent sans ces se.

Vois sur ce banc un jo li en fant qui a froid ; il
pa raît bien pau vre. Don ne-lui un mor ceau
de pain blanc.

J'ai vu un mé chant gar çon qui a don né un
grand coup de poing à son ca ma ra de ; c'est
un vi lain ga min.

Ton pa pa prend du ta bac dans sa ta ba tiè re ;
le mien fu me sa pi pe le soir a près dî né.

303. 304. 305. 306. 307. 308. 309. 310. 311.

Soixante-quinzième Exercice. — Phrases.

98. La nour ri tu re sert à for mer le sang ; le sang
cou le dans les vei nes et ré pand la vie dans
tout le corps.

Le bap té me est le pre mier sa cre ment que
re çoit un en fant nou vel·le ment ve nu au
mon de.

J'ai en vie de bien tra vail ler, pour gagner deux
ou trois prix à la fin de l'an née.

Soixante-seizième Exercice. — Phrases.

99. Al lons , le tam bour et la mu si que en tête ;
en a vant mar che , jus qu'au bout du fau-
bourg.

Plan , plan , ran tan plan , plan. Hal te ! ⟶ La
ca va le rie , les dra peaux sur les rangs ! —
Al lons , tam bour , bats donc la cais se. En
a vant ! au ga lop ! au ga lop !

Mon fu sil est bien lourd ; il com men ce à me
fa ti guer.

Ca ma ra des , vous êtes fa ti gués, je le vois ;
al lez tous vous cou cher. — Oui , gé né ral.

312. 313. 314. 315. 316. 317. 318. 319. 320.

***

VINGT-TROISIÈME LEÇON.

100. C *se prononce comme* g *dans* se cond, se con.der.

e *se prononce comme* é *dans* pied.

en *se prononce comme* in *dans* Men tor, hy men.

ti *se prononce comme* si *avant une voyelle dans certains mots :* é mo tion, ac tion, am bi tion, por tion.

x *se prononce comme* gz *dans certains mots :* e xa men, e xem ple, e xé cu tion.

x *se prononce comme* s *dans certains mots :* soi xan te, six, dix, Bru xel les.

x *se prononce comme* z *dans certains mots :* deu xiè me, si xiè me, di xiè me.

Soixante-dix-septième Exercice.

101.

Le se cond.	ex a men.	Am bi tion.	E xem ple.
je se con de.	an cien.	ac tion.	e xac ti tu de.
tu se con des	mu si cien.	con tri tion	e xé cu tion.
il seconde.	phy si cien.	fac tion.	six.
le pied.	un chien.	fonc tion.	dix.
marche-pieds	le lien.	i nac tion.	soi xan te.
chauf fe-pieds	rien.	na tion.	deu xiè me.
Men tor.	Au tri chien	por tion.	si xiè me.
Ben ja min.	chré tien.	ra tion.	di xiè me.

321. 322. 323. 324. 325. 326. 327. 328. 329.

Soixante-dix-huitième Exercice. — Phrases.

102. A près ce pre mier vo lu me , nous li rons le
se cond , qui est bien plus a gré a ble.
Mes pieds sont chauds, mes mains sont froi des.
Un a mi sé vè re est le mei lleur men tor pour
un jeu ne hom me sans ex pé rien ce.
Mon frè re Gus ta ve a su bi un e xa men de vant
son an cien pro fes seur.

Soixante-dix-néuvième Exercice. — Phrases.

103. Ben ja min a é té à l'é co le , mais il n'a
rien fait du tout ; il a man gé du pain
sec.
La na tion fran çai se a ti ré son nom de sa
fran chi se et de sa bon ne foi.
L'e xem ple du bien con duit aux bon nes
ac tions.
Le sol dat qui é tait de fac tion a eu bien
froid.
J'ai é té le deu xiè me dans la com po si tion
de lec tu re de ce ma tin. Et toi , quel le
est la pla ce que tu as eue ? Je n'ai é té
que le si xiè me.

330. 331. 332. 333. 334. 335. 336. 337. 338.

VINGT-QUATRIÈME LEÇON.

	prononcez:		*prononcez:*
104. Al ma nach	al ma na.	Pay san	pai y zan.
Août	oût	pi geon	pi jon.
au tom ne	au to ne.	plomb	plon.
il bri gua	il bri ga.	poids	poi.
Caen	Can.	pouls	pou.
chez	ché.	prompt	pron.
dou ai riè re	dou a riè re	é qua teur	é cou a teur.
œil	euil.	qua dru pè de	cou a dru pè de
Æ di pe	É di pe.	rhé to ri que	ré to ri que.
faim	fin.	Sa ône	Sô ne.
faulx	fau.	sang	san.
fem me	fa me.	saoul	sou.
Goth	Gô.	sept	set.
hen nir	ha nir.	se xe	sec ce.
il est	il è.	sci en ce	si an ce.
à juin	à jun.	temps	tan.
Jésus-Christ	Jé sus-Cri.	tran si tion	tran zi cion.
Jo seph	Jo zef.	vœu	veu.
man geons	man jon.	il vainc	il vin.
mon sieur	mo cieu.	vingt	vin.
oi gnon	o gnon.	vis-à-vis	vi-za-vi.
pa on	pan.	West pha lie	Ves fa li.

339. 340. 341. 342. 343. 344. 345. 346. 347.

Quatre-vingtième Exercice. — Phrases.

105. Ré pé tons qu'u ne se mai ne se com po se de
sept jours , qui sont : Lun di , Mar di ,
Mer cre di , Jeu di , Ven dre di , Sa me di ,
Di man che.

On comp te dou ze mois dans u ne an née :
Jan vier, Fé vrier, Mars , A vril , Mai , Juin,
Ju illet , Août , Sep tem bre , Oc to bre ,
No vem bre , Dé cem bre.

L'an née se di vi se aus si en qua tre sai sons ,
qui sont : le Prin temps, l'Été, l'Au tom ne,
l'Hi ver.

Le Prin temps est la sai son des fleurs.

L'É té est la sai son où il fait chaud ,
où les blés et les au tres grains mû ris sent ;
c'est ce qu'on ap pel le l'é po que de la
mois son.

L'Au tom ne est la sai son où l'on cueil le les
rai sins pour fai re du vin ; les pom mes,
les poi res , les fi gues , les a bri cots et
au tres fruits.

L'Hi ver est la sai son du froid, de la pluie, de
la nei ge. La ter re a lors se re po se et ne
pro duit plus rien.

348. 349. 350. 351. 352. 353. 354. 355. 356.

Quatre-vingt-unième Exercice. — Phrases.

106. Un en fant ai ma ble ne se cou che ja mais sans di re bon soir à son pa pa et à sa ma man, a près les a voir em bras sés.

Cha que ma tin, après son le ver, il va en co re les em bras ser, et leur dit : bon jour, bon pè re ; bon jour, bon ne mè re ; avez-vous pas sé u ne bon ne nuit ?

Un jour, un pe tit men teur cri ait, et di sait qu'on lui fai sait du mal. Sa ma man cou rut : il se mit à ri re, car il a vait men ti.

Le len de main, un gros chien s'ap pro cha du men teur pour lui pren dre sa tar ti ne de beur re. Le men teur se mit en co re à cri er ; mais la ma man ne l'é cou ta pas. Le chien sau ta sur la tar ti ne et mor dit la main du men teur, qui pous sa les hauts cris.

Quand sa ma man vint, el le lui dit: Je suis bien aise que le chien t'ait mor du la main. Si tu n'a vais pas men ti la pre miè re fois, je se rais ve nue te dé fen dre. Ap prends à di re la vé ri té u ne au tre fois. L'en fant sé cor ri gea et ne men tit plus du tout.

357. 358. 359. 360. 361. 362. 363. 364. 365.

Quatre-vingt-deuxième Exercice. — Phrases.

107. Dieu a créé tout ce que nous vo yons : le ciel, la ter re, la mer, les plan tes, les a ni maux et l'hom me. Il a tout fait dans l'es pa ce de six jours.

Le pre mier jour, Dieu a fait la lu miè re.

Le se cond jour, il a fait le fir ma ment que nous ap pe lons le Ciel ou les Cieux.

Le troi siè me jour, il a ras sem blé les eaux au tour de la ter re, et il a ti ré du sein de cet te ter re les plan tes et les ar bres.

Le qua triè me jour, il a créé le So leil, la Lu ne et tou tes les É toi les que nous voyons au Ciel.

Le cin quiè me jour, il a fait naî tre les oi seaux qui vol ti gent dans l'air, et les pois sons qui na gent dans la mer.

Le si xiè me jour, il a créé tous les a ni maux, et en fin l'hom me et la fem me. Le pre mier hom me a é té ap pe lé A dam, et la pre miè re fem me, È ve.

Le sep tiè me jour, Dieu s'est re po sé. Nous i mi tons Dieu en ne tra va illant pas le di man che, qui est le sep tiè me jour de la se mai ne. Ce jour-là, nous pri ons Dieu de nous don ner sa sa ges se et de nous con ti nuer ses bien faits.

366. 367. 368. 369. 570. 371. 372. 373. 374.

Quatre-vingt-troisième Exercice. — *Phrases.*

108.   PRI È RE POUR LES PE TITS EN FANTS.

No tre Pè re des cieux, pè re de tout le mon de,
De vos pe tits en fants c'est vous qui prenez soin ;
Mais à tant de bon tés vous vou lez qu'on ré pon de,
Et qu'on de man de aus si, dans u ne foi pro fon de,
  Les cho ses dont on a be soin !

Vous m'a vez tout don né, la vie et la lu miè re,
Le blé qui fait le pain, les fleurs qu'on ai me à voir,
Et mon pè re et ma mè re, et ma fa mil le en tiè re;
Moi, je n'ai rien pour vous, mon Dieu, que la pri è re,
  Que je vous dis ma tin et soir.

No tre Pè re des cieux, bé nis sez ma jeu nes se ;
Pour mes pa rents, pour moi, je vous prie à ge noux;
A fin qu'ils soient heureux, don nez-moi la sa ges se;
Et puis sent leurs en fants les con ten ter sans ces se,
  Pour ê tre ai més d'eux et de vous !

(Mᵐᵉ AMABLE TASTU.)

109. Voi là u ne bien jo lie pri è re ; il fau dra la
li re et la re li re sou vent, l'ap pren dre par
cœur, et la ré ci ter tous les jours.

375. 376. 377. 378. 379. 380. 381. 382. 383.

Quatre-vingt-quatrième Exercice. — Phrases.

110. Quel jour est-ce au jour d'hui ? — Lun di.

Quel se ra le jour de main ? — Mar di.

A près Mar di ? — Mer cre di.

A près Mer cre di ? — Jeudi.

A près Jeu di ? — Ven dre di.

A près Ven dre di ? — Sa me di.

A près Sa me di ? — Di man che.

111. Dans quel mois som mes-nous ? — En Jan vier.

Et a près Jan vier, quel mois ? — Fé vrier.

A près Fé vrier ? — Mars.

A près Mars ? — A vril.

A près A vril ? — Mai.

A près Mai ? — Juin.

A près Juin ? — Juil let.

A près Juil let ? — A oût.

A près A oût ? — Sep tem bre.

A près Sep tem bre ? — Oc to bre.

A près Oc to bre ? — No vem bre.

A près No vem bre ? — Dé cem bre.

112. Qué fait-on a près le der nier jour du mois de
Dé cem bre ? — On va sou hai ter la bon ne
an née, et l'on re çoit des dra gées et au tres
bon bons, des jou joux, des li vres pour ses
é tren nes.

384. 385. 386. 387. 388. 389. 390. 391. 392.

Quatre-vingt-cinquième Exercice.— *Union des Syllabes.*

113. A bi me	Abîme.	Ba di ne	Badine.
ac ca blé	accablé.	beau coup	beaucoup.
a do ré	adoré.	bé cas se	bécasse.
ad mi ré	admiré.	be soin	besoin.
a dul te	adulte.	bis cuit	biscuit.
af fa mé	affamé.	bo bi ne	bobine.
a go nie	agonie.	bon bon	bonbon.
ai mé	aimé.	bon jour	bonjour.
ai der	aider.	bor du re	bordure.
al lu mer	allumer.	bu reau	bureau.
a mas ser	amasser.	bu se	buse.
a mu ser	amuser.	ca ba ne	cabane.
a ni mal	animal.	ca deau	cadeau.
a nnon cer	annoncer.	ca fé	café.
ap pe ler	appeler.	ca fe tiè re	cafetière.
ap por ter	apporter.	cam pa gne	campagne.
ar ri ver	arriver.	ce ri se	cerise.
ar ro ser	arroser.	ci seau	ciseau.
as su ré	assuré.	ci tron	citron.
at ten tion	attention.	co mmo de	commode.
a ve nir	avenir.	cou teau	couteau.
a ver tir	avertir.	cou tu me	coutume.

393. 394. 395. 396. 397. 398. 399. 400. 401.

Quatre-vingt-sixième Exercice. — Union des Syllabes.

114.

Cou tu re	Couture.	Fa ça de	Façade.
cu re	cure.	fa çon	façon.
cu ve	cuve.	fé ru le	férule.
da me	dame.	fe mel le	femelle.
dé jà	déjà.	fé li ci té	félicité.
dé jeu ner	déjeuner.	fo lie	folie.
di né	dîné.	for ce	force.
di rec tion	direction.	for mer	former.
dor mir	dormir.	frè re	frère.
do ru re	dorure.	fra ter nel	fraternel.
du re té	dureté.	fir ma ment	firmament.
du pe	dupe.	fai né ant	fainéant.
é ta ble	étable.	fu sil	fusil.
é qui pa ge	équipage.	fu mée	fumée.
é qui li bre	équilibre.	ga min	gamin.
é qui no xe	équinoxe.	gar ni tu re	garniture.
é tu de	étude.	ga ba re	gabare.
Eu ro pe	Europe.	ga lop	galop.
Eu ro pé en	Européen	girou et te	girouette.
E o le	Eole.	gi ber ne	giberne.
fa ble	fable.	go be let	gobelet.
fa ci le	facile.	go mme	gomme.

402. 403. 404. 405. 406. 407. 408. 409. 410.

Quatre-vingt-septième Exercice. — Union des Syllabes.

115. Gra ve	Grave.	in sen si ble	insensible.
gra vu re	gravure.	in vi té	invité.
gre na de	grenade.	Ja cob	Jacob.
gri ma ce	grimace.	Jac ques	Jacques.
gou ver neur	gouverneur	ja loux	jaloux.
gout tiè re	gouttière.	ja mais	jamais.
ha bit	habit.	je ter	jeter.
ha bi tu de	habitude.	j'i rai	j'irai.
ha bi tué	habitué.	jo li	joli.
hi ron del le	hirondelle.	joie	joie.
Hé lè ne	Hélène.	ju ment	jument.
hy po cri te	hypocrite.	ki lo gram me	kilogramme
ho mme	homme.	la me	lame.
ho mma ge	hommage.	lai ne	laine.
huî tre	huître.	lam bin	lambin.
hui le	huile.	let tre	lettre.
hu mi de	humide.	le çon	leçon.
hu mi lié	humilié.	lè vre	lèvre.
i ma ge	image.	li me	lime.
i mi ta tion	imitation.	li re	lire.
i do lâ trie	idolâtrie.	lithographie	lithographie
im pos si ble	impossible.	ly re	lyre.

411. 412. 413. 414. 415. 416. 417. 418. 419.

Quatre-vingt-huitième Exercice. — Union des Syllabes

116.	Ma chi ne	Machine.	Nup tial	Nuptial.
	mai son	maison.	neu viè me	neuvième.
	maî tre	maître.	ob te nir	obtenir.
	mal heur	malheur.	oc ca sion	occasion.
	me ner	mener.	oc cu pé	occupé.
	mê ler	mêler.	o bé lis que	obélisque.
	mé lan ge	mélange.	o do rat	odorat.
	mé na ce	menace.	or du re	ordure.
	mi ra cle	miracle.	or di nai re	ordinaire.
	mi sè re	misère.	or do nnan ce	ordonnance
	mo dè le	modèle.	o pé ra	opéra.
	mo ra le	morale.	o pé ra tion	opération.
	mu ra ille	muraille.	o ser	oser.
	mu ta tion	mutation.	os ten ta tion	ostentation.
	mer veil le	merveille.	pa ra de	parade.
	na tion	nation.	pa ra dis	paradis.
	na ta tion	natation.	pa ra sol	parasol.
	na tu re	nature.	pa ra pluie	parapluie.
	na vi re	navire.	pa raî tre	paraître.
	ne veu	neveu.	pè re	père.
	niè ce	nièce.	pe sant	pesant
	no ble	noble.	pe ser	peser.

420. 421. 422. 423. 424. 425. 426. 427. 428.

Quatre-vingt-neuvième Exercice. — Union des Syllabes.

117. Pi ra te	Pirate.	Ra de	Rade.
pi rou et te	pirouette.	ra re	rare.
pei ne	peine.	re mè de	remède.
po li ti que	politique.	ri sée	risée.
po li tes se	politesse.	ro sée	rosée.
pra ti que	pratique.	rhu me	rhume.
pré ve nan ce	prévenance	ru de	rude.
pri va tion	privation.	roi de	roide.
pro me na de	promenade	rui ne	ruine.
pru den ce	prudence.	ren dre	rendre.
pu blic	public.	rei ne	reine.
pu bli ca tion	publication	ré ve	rêve.
pu re té	pureté.	sa le	sale.
quar ré	quarré.	sa lut	salut.
qua tre	quatre.	sei gle	seigle.
quê te	quête.	se mel le	semelle.
quin ze	quinze.	sen si ble	sensible.
qui ne	quine.	sen ten ce	sentence.
quit te	quitte.	sé vè re	sévère.
quit tan ce	quittance.	sol dat	soldat.
quo te	quote.	su cre	sucre.
quo ti dien	quotidien.	sur di té	surdité.

429. 430. 431. 432. 433. 434. 435. 436. 437.

Quatre-vingt-dixième Exercice. — Union des Syllabes.

118.

Ta bac	Tabac.	Trom per	tromper.
ta ba tiè re	tabatière.	trom peur	trompeur.
ta ble	table.	tu li pe	tulipe
ta bleau	tableau.	tu mul te	tumulte.
te nir	tenir.	tu ni que	tunique.
tê te	tête.	vain	vain.
té tu	têtu.	va leur	valeur.
thé à tre	théâtre.	va li de	valide.
Thé o phi le	Théophile.	va ni té	vanité.
ti mon	timon.	vei ne	veine.
til bu ry	tilbury.	ve nir	venir.
tim ba le	timbale.	vê pres	vêpres.
tein tu re	teinture.	vo lon té	volonté.
tem ple	temple.	vrai	vrai.
ten dres se	tendresse.	vrai ment	vraiment.
ter res tre	terrestre.	ma xi me	maxime.
tom be	tombe.	ré fle xion	réflexion.
tom beau	tombeau.	e xa men	examen.
to nner re	tonnerre.	e xem ple	exemple.
trai tre	traître.	dix	dix.
tra hi son	trahison.	soi xan te	soixante.
tri om phe	triomphe.	yeux	yeux.

438. 439. 440. 441. 442. 443. 444. 445. 446.

LECTURE COURANTE.

1. « *Obéis, si tu veux qu'on t'obéisse un jour.*»

Les enfants doivent faire tout de suite ce qu'on leur commande. Un jour, la maman de Charles lui dit d'aller faire une commission. Il s'y refusa, disant que cela l'ennuyait.

La mère ne lui dit plus rien. Elle fit faire la commission par la bonne petite Marie, qui obéit aussitôt.

Lorsque l'heure du dîné arriva, la domestique servit un beau plat de crême, des confitures, des amandes, des raisins et autres friandises que Charles aimait beaucoup.

La maman donna de tout cela à Marie. Charles en demanda, mais sa maman lui dit : tu n'auras rien du dessert, parce que tu m'as désobéi, et dimanche prochain tu garderas tes vêtements de tous les jours.

2. « *Si vous faites du mal chacun vous en fera.* »

Alfred avait un chat qu'il battait sans cesse. La pauvre bête fuyait le plus souvent à son approche ; mais Alfred finissait toujours par l'atteindre.

Un jour, ce chat, irrité par les coups, devint furieux. Il sauta à la figure du méchant Alfred, et lui enfonça une griffe dans l'œil. Alfred resta borgne toute sa vie.

447. 448. 449. 450. 451. 452. 453. 454. 455.

LECTURE COURANTE.

HISTOIRE DU PETIT TOM-POUCE.

Il y avait, dans une ville d'Angleterre, un tout petit enfant, qui n'était pas plus gros, pas plus long que le pouce ; c'est pour cela qu'on l'appelait Tom-Pouce.

Il était si petit à sa naissance, que sa mère avait fait son berceau d'une coquille de noix.

Au bout de six ou sept ans, il n'avait pas beaucoup grandi, car il n'était pas plus haut que le pouce.

Alors on le faisait coucher dans une tabatière un peu plus longue que le doigt. Elle restait ouverte pendant l'été, et on la fermait quand il faisait bien froid, dans l'hiver.

Avec une feuille de chêne, sa mère lui fit un habillement complet, et la calotte d'un gland lui servit de chapeau. On y avait attaché une plume de moineau, qui formait le panache.

Tom-Pouce ne restait jamais tranquille ; on le perdait de vue cent fois dans un quart d'heure.

Quand sa mère parvenait à le retenir dans sa chambre, il se livrait à un jeu qu'il aimait beaucoup ; c'était de sauter à cheval sur une épingle, qu'il tenait par la tête d'une main, ayant dans l'autre un fouet composé d'un petit bout de fil attaché à un morceau d'allumette chimique.

Ce petit gamin faisait sans cesse mille espiégleries qui mettaient sa pauvre mère dans une inquiétude continuelle.

456. 457. 458. 459. 460. 461. 462. 463. 464.

Un jour que madame Tom faisait une sorte de bouillie, il trouva moyen d'arriver au bord du vase sans qu'elle s'en aperçût ; puis, au moment où elle détournait la tête pour éternuer, il sauta dans la cuillère qu'elle tenait à la main, et, en un clin d'œil, il disparut dans la bouillie.

La mère, sentant quelque chose de dur sous sa cuillère, la retire du vase. Quel est son étonnement de reconnaître son fils, son espiègle, qui était tout couvert de bouillie, qui étouffait, et qu'elle alla plonger dans un verre d'eau pour le laver.

Il fallut le changer de la tête aux pieds. Heureusement que ses habits ne coûtaient pas cher, et que son tailleur avait promptement fait un rechange.

Une malice à laquelle il se livrait le plus souvent, dans les soirées d'hiver, c'était de monter tout doucement sur la queue du chat, et de le piquer ensuite avec une petite épingle qu'il réservait à cet usage.

Alors le chat se mettait à tourner sans cesse, et le gamin, perché sur cette queue, riait aux éclats. Si le chat se roulait par terre, Tom-Pouce roulait avec lui, et il ne lâchait la queue qu'après s'être bien fatigué.

Une autre fois, Tom-Pouce parvint à s'élancer sur un canard, et se tint à une plume du cou. L'animal effrayé sauta dans un fossé plein d'eau. La mère qui vit le gamin ainsi exposé, jeta un grand cri, persuadée que son fils allait se noyer, mais Tom-Pouce n'avait peur de

465. 466. 467. 468. 469. 470. 471. 472. 473.

rien. Il resta cramponné au cou du canard, et malgré les plongeons de celui-ci, il ne fit point la culbute. Enfin la mère chassa le canard hors du fossé ; mais, dans la fuite de l'animal, la plume que tenait Tom-Pouce se détacha et le fit tomber. Tom fut fouetté avec un martinet armé de quatre brins de fil.

Malheureusement toutes ces corrections ne produisirent aucun changement au caractère toujours léger et étourdi de Tom-Pouce.

Un matin le père partit pour la pêche, et recommanda bien à sa femme de ne pas laisser sortir son fils, qui, sans cela, ne manquerait pas de le suivre au bord de la rivière.

La mère, pour éviter tout accident, le mit dans sa poche, sous son mouchoir. Mais comme elle avait souvent besoin de se moucher, car la bonne femme prenait du tabac, Tom-Pouce finit par se sauver, et alla se cacher dans une des pantoufles que sa mère avait laissées sous le lit.

Ce vilain petit souriceau, dit-elle, ne me laissera pas un instant de repos. Où est-il donc encore ? cependant les portes sont fermées ; et, quoiqu'il soit bien petit, il n'aura pas pu passer par le trou de la serrure.

Elle l'appelle, elle le cherche partout ; elle passe un balai sous les meubles, sous le lit, elle pousse même avec son balai les pantoufles qui étaient dessous ; mais

474. 475. 476. 477. 478. 479. 480. 481. 482.

Tom ne bougeait pas. Enfin, lasse d'appeler et de chercher l'espiègle, elle s'assit et se remit à travailler.

Un moment après, elle eut besoin d'aller dans la cour, et elle oublia de fermer la porte de sa chambre; elle revint tout de suite pour la fermer, mais Tom, profitant de son absence, s'était esquivé. Le voilà parti.

Il veut aller trouver son père, pour le voir pêcher. Il se dirige en effet vers le bord de la rivière, et se cache dans l'herbe, de peur d'être aperçu de son père, et d'être encore vertement châtié.

Sur le soir, le père retourna chez lui, et y apporta plusieurs petits poissons et une belle carpe.

A peine était-il entré, qu'il demanda son fils Tom, à qui il voulait montrer les poissons, qui étaient encore vivants. La mère lui raconta en pleurant ce qui était arrivé.

Pourvu, dit le père, qu'il ne soit pas allé du côté de la rivière, il savait que j'y étais. — Il n'est pas possible répondit madame Tom, qu'il y soit allé, car à peine étais-je rendue dans la cour, que je suis revenue pour fermer la porte.

Enfin, dit monsieur Tom, s'il est ici et qu'il ait besoin de manger, il viendra bien nous trouver. En attendant, vide cette carpe et fais-la cuire tout de suite, car j'ai grand' faim.

La pauvre femme, quoique bien triste, s'occupe de

483. 484. 485. 486. 487. 488. 489. 490. 491.

préparer le souper. Elle ouvre la carpe pour la vider avant de la faire cuire.

Tout-à-coup elle jette un grand cri : Tom ! Tom ! à moi ! viens donc voir. --- Eh ! mon Dieu ! dit monsieur Tom, qu'y a-t-il donc encore ? --- Tiens, regarde...

C'était ce petit polisson de Tom-Pouce, que sa mère venait de trouver dans le ventre de la carpe.

La mère s'empressa de le laver de nouveau et de lui donner une autre rechange.

Ensuite on lui demanda par quelle aventure il était entré dans le ventre de la carpe. On suspendit le repas pour écouter cette histoire.

Tom-Pouce, à ce qu'il paraît, s'était un peu trop approché du bord de la rivière pour mieux voir pêcher son père, et il était tombé à l'eau, puis avait été aussitôt avalé comme un appât. Par le hasard le plus heureux, son père avait justement pris la carpe qui l'avait avalé.

Tom-Pouce, tout petit qu'il était, causa encore bien du chagrin à ses parents dans la suite.

Du reste, si le lecteur est curieux de connaître toutes les aventures de cet enfant extraordinaire, il les trouvera dans un petit livre intitulé : Tom-Pouce. Ce livre se vend chez tous les libraires, surtout chez M. Aubert et chez M. Lehuby, à Paris.

Fin de la Méthode de Lecture.

492. 493. 494. 495. 496. 497. 498. 499. 500.

TABLE D'ADDITION.

1 et 1 font 2		4 et 1 font 5		7 et 1 font 8			
1 et 2 — 3		4 et 2 — 6		7 et 2 — 9			
1 et 3 — 4		4 et 3 — 7		7 et 3 — 10			
1 et 4 — 5		4 et 4 — 8		7 et 4 — 11			
1 et 5 — 6		4 et 5 — 9		7 et 5 — 12			
1 et 6 — 7		4 et 6 — 10		7 et 6 — 13			
1 et 7 — 8		4 et 7 — 11		7 et 7 — 14			
1 et 8 — 9		4 et 8 — 12		7 et 8 — 15			
1 et 9 — 10		4 et 9 — 13		7 et 9 — 16			
2 et 1 font 3		5 et 1 font 6		8 et 1 font 9			
2 et 2 — 4		5 et 2 — 7		8 et 2 — 10			
2 et 3 — 5		5 et 3 — 8		8 et 3 — 11			
2 et 4 — 6		5 et 4 — 9		8 et 4 — 12			
2 et 5 — 7		5 et 5 — 10		8 et 5 — 13			
2 et 6 — 8		5 et 6 — 11		8 et 6 — 14			
2 et 7 — 9		5 et 7 — 12		8 et 7 — 15			
2 et 8 — 10		5 et 8 — 13		8 et 8 — 16			
2 et 9 — 11		5 et 9 — 14		8 et 9 — 17			
3 et 1 font 4		6 et 1 font 7		9 et 1 font 10			
3 et 2 — 5		6 et 2 — 8		9 et 2 — 11			
3 et 3 — 6		6 et 3 — 9		9 et 3 — 12			
3 et 4 — 7		6 et 4 — 10		9 et 4 — 13			
3 et 5 — 8		6 et 5 — 11		9 et 5 — 14			
3 et 6 — 9		6 et 6 — 12		9 et 6 — 15			
3 et 7 — 10		6 et 7 — 13		9 et 7 — 16			
3 et 8 — 11		6 et 8 — 14		9 et 8 — 17			
3 et 9 — 12		6 et 9 — 15		9 et 9 — 18			

DU MÊME AUTEUR :

ABRÉGÉ DU SYLLABAIRE, in-12, broché. — 0 f. 10 c.

36 TABLEAUX DE LECTURE, contenant la méthode entière, in-f°. — Prix : . . . . 3 f. 50.

NOUVELLE GRAMMAIRE DES COMMENÇANTS, contenant : 1° un n° d'ordre pour les règles ; — 2° des définitions simples et faciles pour les commençants ; — 3° plusieurs *Questionnaires* sur chaque partie du discours ; — 4° de nouveaux procédés pour faciliter la *conjugaison* ; — 5° des Modèles de verbes conjugués sous quatre formes : 1° forme *affirmative*, 2° forme *interrogative*, 3° forme *négative*, 4° forme *interrogative et négative* ; — 6° Une théorie complète du *Verbe*, du *sujet*, de l'*attribut* et du *complément* ; — 7° des règles simples et faciles sur les *participes*, etc., etc. — In-12 cartonné. — Prix . . . . 1 f.

NOUVEAUX EXERCICES d'analyse et d'orthographe pour les commençants, *suite indispensable* de la grammaire ci-dessus, et contenant : 1° un *Questionnaire grammatical* en tête de chaque exercice ; — 2° de nouveaux *procédés* pour faire commencer l'*analyse* dès les premières leçons de grammaire ; — 3° de nombreux *Exercices d'analyse* sur un nouveau plan ; — 4° des Exercices d'*orthographe* basés sur les règles de la grammaire ; — 5° des Exercices variés sur la *conjugaison*, sur les *dérivés*, etc., etc. — In-12 cart. — Prix 1 f.

La Rochelle, typ. de A. SIRET.

www.ingramcontent.com/pod-product-compliance
Lightning Source LLC
Chambersburg PA
CBHW070928280326
41934CB00009B/1779